G

RECUEIL

D'AUTOGRAPHES FAC-SIMILÉS

LETTRES,

EXTRAITS DE MANUSCRITS, SIGNATURES, ETC.,

Tirés la plupart de la collection de

M. FÉLIX BOGAERTS.

ANVERS,
IMPRIMERIE TYPOGRAPHIQUE ET LITHOGRAPHIQUE DE J.-E. BUSCHMANN, ÉDITEUR.

1846.

TABLE DES AUTOGRAPHES

PAR ORDRE DE NUMÉROS.

N.-B. LA LETTRE C INDIQUE LES CONTEMPORAINS.

1. Louis XIV, dit *le Grand*, fils de Louis XIII et d'Anne d'Autriche, né 1638, mort 1715, après un règne de 72 ans.
2. Louis XV, dit *le Bien-Aimé*, arrière-petit-fils de Louis XIV, né 1710, mort 1774.
3. Louis XVI, petit-fils de Louis XV, né 1754, mis à mort 21 Janvier 1793.
4. et 5. Napoléon Bonaparte, né à Ajaccio, 15 Août 1769, mort à Ste.-Hélène, 5 mai 1821.
6. Louis XVIII, né 1755, mort 1824.
7. et 8. Charles-Philippe; — Charles X, né 1757, mort en exil 1836.
9. S. M. Louis-Philippe; C.
10. Buffon (G. L. Leclerc, Comte de) célèbre naturaliste, né à Montbard en Bourgogne 1707, mort 1788.
11. Turgot (Aimé-Robert-Jacques), célèbre ministre de Louis XVI; né 1727, mort 1781.
12. Henri IV, dit *le Grand*, né 13 décembre 1553, assassiné par Ravaillac, 14 mai 1610.
13. Vonck, l'un des principaux personnages de la révolution brabançonne.
14. Van der Noot (Henri-Nicolas), chef de la même révolution, né à Bruxelles 1750, mort 1826.
15. Van Eupen, personnage remarquable de la même époque.
16. Charles-Maurice , (Voyez Talleyrand, N.° 24).
17. George Sand, écrivain, C.
18. Guizot, écrivain et homme d'état, C.
19. Olden Barnevelt (Jean), grand-pensionnaire de Hollande, né 1549, décapité 1618.
20. Nicolo Paganini, célèbre violoniste, né à Gênes 1784, mort à Nice 1840.
21. Gall (François-Joseph), fondateur de la cranioscopie; né 1758, mort 1828.
22. Vieuxtemps, violonisite et compositeur, C.
23. Dumont-Durville (Jules-Sébastien-César), célèbre navigateur, né 1791, mort avec sa femme et son fils dans la catastrophe arrivée sur le chemin de fer, entre Paris et Versailles, en 1842.
24. Talleyrand (Charles-Maurice de), Prince de Bénévent, célèbre diplomate; né 1754, mort 1838.
25. Sidney (Lady Morgan), C.
26. La Place (P. Simon, marquis de), né 1749, mort 1827; célèbre auteur de l'*Exposition du système du monde*.
27. Tollens, poète hollandais, C.
28. Turenne, (H. de la Tour d'Auvergne, vicomte de) né à Sedan, 1611, mort à la bataille de Saltzbach 1775.
29. De la Lande (Joseph-Jérôme-François), célèbre astronome, né 1732, mort 1807.
30. Lacépède (Étienne de la Ville, comte de) célèbre naturaliste, né à Agen 1756, mort à Paris 1825.
31. Châteaubriand, écrivain, C.
32. David (J.-L.), célèbre peintre français, né à Paris 1750, mort en exil à Bruxelles 1825. — Gérard, Giradet, Gros et Guérin furent ses principaux élèves.
33. Meyerbeer, compositeur, C.
34. Jacotot (Jean-Joseph), auteur d'une nouvelle méthode d'enseignement universel; né 1770, mort à Paris 1840.
35. Gudin, peintre, C.
36. Denon (le baron Dominique-Vivant) né 1747, mort 1825.

37. Saint-Simon (Cl.-Henry), fondateur de la prétendue religion qui porte son nom; né 1760, mort 1825.
38. La Harpe (J.-François de), littérateur et critique célèbre, né 1739, mort 1803.
39. Lenoir (le chevalier Alexandre), fondateur du musée de l'école des Beaux-Arts de Paris, mort 1839.
40. Thorwaldsen (Albert), l'un des plus grands sculpteurs de notre siècle : né 1770, mort 1844.
41. Le prince d'Esling. (Voyez Masséna, n.º 161).
42. Azaïs (Pierre-Hyacinthe), célèbre auteur des *Compensations;* né 1766.
43. Pasta (Madame), cantatrice, C.
44. Humboldt (Alexandre de), savant et voyageur C.
45. Ducis (Jean-François), célèbre auteur dramatique, né 1733, mort 1816.
46. Silvio Pellico, écrivain, C.
47. Guillaume de Nassau (le Taciturne), né 1533, assassiné à Delft 1584.
48. Prince d'Orange Nassau (Guillaume IV), stadhouder de la Hollande.
49. Guillaume, prince d'Orange Nassau (Guillaume V), dernier stadhouder.
50. Guillaume, prince d'Orange Nassau (Guillaume I, roi des Pays-Bas).
51. Le prince de Wagram (Alexandre Berthier), né 1753, mort 1815.
52. Le général Foy (Maximilien-Sébastien), né 1775, mort 1825.
53. Bernadotte (Charles-Jean), roi de Suède; né à Pau 1764, mort 1843.
54. L'amiral Duperré, C.
55. Le duc de Bassano (Hugues Maret), né 1763, mort 1839.
56. Moreau (J.-Victor), célèbre général français; né 1763, mort à Dresde 1813.
57. Macdonald (Étienne-Jacques-Joseph-Alexandre), né 1765, mort 1840.
58. La Fayette (Gilbert Motier marquis de), né 1757 mort 1834.
59. Rouget de l'Isle (Joseph), auteur des paroles et de la musique du fameux hymne *la Marseillaise;* né 1760, mort 1836.
60. Allart, généralissime de l'armée du roi de Lahore dans l'Inde.
61. Andréossy (Antoine-François), général français, né à Castelnaudary 1761.
62. Frédéric-Guillaume, roi de Prusse, fils de Frédéric-Guillaume II, né 1770.

63. Charles Nodier, savant et spirituel écrivain, né à Besançon 1783, mort 1844.
64. De Balzac, romancier, C.
65. Théophile Gautier, écrivain, C.
66. Paul Delaroche, peintre C.
67. Isabey, peintre, fondateur d'une école nouvelle pour la miniature.
68. Alfred de Vigny, écrivain, C.
69. Le Brun (Charles), célèbre peintre de batailles; né 1619, mort 1690.
70. Isabey, peintre, C.
71. Mollevaut, (Ch. Louis) poëte français, né 1777.
72. Delacroix, peintre, C.
73. Winterhalter, peintre, C.
74. Bonaparte (Louis), frère de Napoléon, roi de Hollande, né 1778.
75. Bonaparte (Lucien), né 1775, mort 1840.
76. Ancelot, écrivain, C.
77. Madame Ancelot, écrivain, C.
78. Vestris (Goëtano-Apolino-Balthazar), né 1729, mort 1808; le plus célèbre des danseurs modernes.
79. Le sénateur Chaptal (Jean-Antoine), comte de Chanteloup, né 1756, mort 1832.
80. Fouquet (Nicolas), intendant-général des finances sous Louis XIV, mort à la citadelle de Pignerol 1680.
81. Gros (Antoine-Jean, baron), l'un des plus célèbres peintres français de ce siècle; né 1771, mort 1825.
82. Montmorency (Henri II, duc de), né 1595, décapité à Toulouse à l'âge de 38 ans.
83. Chapelain (J.), auteur de la Pucelle, né 1595, mort 1674.
84. Scudéry (Mademoiselle Madeleine de) née 1607. morte 1701.
85. Beauharnais (le prince Eugène de), beau-fils de Napoléon, né 1781, mort à Munich 1824.
86. Bernis (le cardinal de), né 1715, mort à Rome 1794.
87. Perrault (Claude), célèbre architecte, auteur des dessins et du plan du nouveau Louvre, né 1613, mort 1688.
88. Félibien (André), né 1619, mort 1695.
89. Ommeganck, célèbre peintre d'animaux, né et mort à Anvers.
90. Georges (Mademoiselle), actrice, C.
91. Henri Mondeux, calculateur, C.
92. Paër (Ferdinand), célèbre compositeur, né à Parme, vers 1771, mort 1839.

93. Fenimore Cooper, romancier, C.
94. Carafa, compositeur, C.
95. Duchesnois (Mademoiselle Joséphine Rafin) née 1777, morte 1835; célèbre tragédienne.
96. Chérubini, célèbre compositeur, né à Florence 1760.
97. Visconti, savant, C.
98. Dufflot.
99. Rubini, chanteur, C.
100. Redouté (P.-Joseph), célèbre peintre de fleurs, né à St.-Hubert (Belgique), mort à Paris 1840.
101. Chollet, chanteur, C.
102. Halevy, compositeur, C.
103. Le Bas, architecte, C.
104. Rossini, compositeur, C.
105. Nourrit (Adolphe), né 1800, mort 1839, célèbre acteur et chanteur.
106. Panseron, compositeur, C.
107. Ary Scheffer, peintre, C.
108. Granet, peintre, C.
109. Girodet-Trioson (Anne-Louis), peintre d'histoire, né à Montargis 1767, mort à Paris 1824.
110. Gavarni, artiste, C.
111. Vien (Joseph-Marie), célèbre peintre français, né à Montpellier 1716, mort 1809.
112. Ziegler, peintre, C.
113. Henri Monnier, C.
114. Kaulbach, peintre, C.
115. Achembach, peintre, C.
116. Noggerath, littérateur, C.
117. Smerling, savant, C.
118. Linné (Charles), célèbre naturaliste suédois, né 1707, mort 1778.
119. Schrœder, peintre, C.
120. Schwanthaler, statuaire, C.
121. Ammon, artiste, C.
122. Zwirner, architecte, C.
123. Koekkoek, peintre, C.
124. Nuyen, célèbre peintre hollandais que la mort à trop tôt enlevé aux arts; né 1813, mort 1839.
125. Cuvier (Georges), célèbre naturaliste, né 1769, mort 1832.
126. Bachmann, savant, C.
127. Rudolf Jordan, écrivain, C.
128. Brœxler Manfred, écrivain, C.
129. Bilderdyck (Guillaume), la plus grande illustration littéraire de la Hollande; né à Amsterdam 1756, mort à Haarlem 1831.
130. Thomas Préla, parent et médecin de Pie VII, C.
131. De Haldat, savant, C.
132. Fourcroy (Antoine-François de), célèbre chimiste, né à Paris 1755, mort 1809.
133. Fouquier-Tinville (Antoine-Quintin), l'un des plus horribles acteurs de la révolution française; né 1747, exécuté à Paris 1795.
134. Monge (Gaspard), célèbre géomètre, né 1746, mort 1818.
135. Kotzebue (Aug.-Fréd.-Ferd.), né à Weimar 1761, assassiné par Sand, à Manheim 1819.
136. Alibert (Jean-Louis), né 1766, mort 1837; auteur de la Physiologie des passions.
137. Collot d'Herbois (Jean-Marie), né 1751, mort en exil à la Guyane 1796.
138. Hérault de Séchelles (Marie-Jean), né 1760, mort sur l'échafaud 1794.
139. Réaumur (Réné-Antoine *Ferchault de*), né à la Rochelle 1683, mort 1757.
140. Férussac (Franç. d'*Audebard*, baron de), né 1786, mort 1836.
141. Carrier (J.-B.), l'un des plus hideux personnages de la révolution française; né 1756, mort 1794.
142. Cambacérès (J.-J. Régis de), né 1753, mort 1824.
143. Calonne, contrôleur-général des finances, sous Louis XVI; c'est lui qui proposa de convoquer *l'assemblée des notables*, né 1734, mort 1802.
144. Santerre (Claude), commandant de la garde nationale pendant la révolution française; né 1743, mort 1808.
145. Philippe d'Orléans, régent de France sous la minorité de Louis XV, né 1674, mort 1723.
146. Louis-Philippe-Joseph duc d'Orléans, dit *Philippe Égalité*, né 1747, exécuté à Paris 1793.
147. Bonaparte (Jérôme), fut roi de Westphalie; né 1784.
148. Murat (Joachim), né 1771, fusillé à Pizzo, 1815.
149. Christine, reine de Suède, née 1626, morte à Rome 1689.
150. François Ier, roi de France, surnommé *le Père des lettres*, né 1494, mort 1547.
151. Charles II, roi d'Angleterre, né 1630, mort 1685.
152. Jules Janin, homme de lettres, C.
153. Bonaparte (Joseph), frère aîné de Napoléon, né 1768.
154. Henri VIII, roi d'Angleterre, mort 1547.
155. Catherine d'Arragon, la première femme de Henri VIII, morte 1536.
156. Anna Boleyn, la seconde femme de Henri VIII, décapitée par ordre du roi en 1536.
157. Jane Grey, née 1537, mise à mort 1554.

158. Duroc (Gérard-Christ.-Michel), né 1772, mort 1813.
159. Émile Dechamps, poète, C.
160. De La Martine (Alphonse), poète et orateur, C.
161. Masséna (André), prince d'Essling, né à Nice 1758, mort à Paris 1817.
162. Augereau (P.-F.-Ch.), duc de Castiglione, né 1757, mort 1816.
163. Bouilly (Jean-Nicolas), littérateur, né à Tours 1763.
164. Grouchy, célèbre général français.
165. Marie Tudor, reine d'Angleterre, fille de Henri VIII et de Catherine d'Arragon; née 1515, morte 1558.
166. Philippe II, roi d'Espagne, né 1517, mort 1598.
167. Élisabeth, reine d'Angleterre, née 1533, morte 1603.
168. Charles I^r, roi d'Angleterre, né 1600, décapité en 1649.
169. Cromwell (Olivier), protecteur d'Angleterre, né 1599, mort 1658.
170. Tallien (J.-Lambert), contribua puissamment à la chute de Robespierre, né 1769, mort 1820.
171. Kosciusko, célèbre général polonais, né 1746, mort 1815.
172. Mirabeau (Honoré-Gabriel, Riquetti, comte de), né 1749, mort 1791.
173. Victor, duc de Bellune, né 1766, mort 1842.
174. Mirabeau père, (Victor, Riquetti, marquis de), dit l'*ami des hommes*, né 1715, mort 1789.
175. Couthon (Georges), le séide de Robespierre et de St.-Just, né 1756, guillotiné 1794.
176. Le Cointre (Laurent, dit de Versailles), mort en exil 1805.
177. Lanjuinais (J.-Denis), né 1753, mort 1827.
178. Fouché de Nantes (Joseph), fut nommé duc d'Otrante; né près de Nantes 1755, mort 1820.
179. Charles II, roi d'Angleterre, né 1630 mort 1685.
179 bis. Louis de Bourbon, prince de Condé, dit le *Grand Condé*, né 1621, mort 1686.
180. Jaques II, roi d'Angleterre, fils de Charles I. Détrôné par son gendre, Guillaume prince d'Orange, il alla mourir à St.-Germain près Paris en 1701.
180 bis. Mazarin (Jules), célèbre ministre sous Louis XIV; né en Italie 1602, mort à Paris 1662.
181. William III, roi d'Angleterre, après avoir détrôné Jacques II, dont il avait épousé la fille Marie, né à La Haye 1650, mort 1702.
181 bis. Berryer, orateur, C.
182. Anne, reine d'Angleterre, fille de Jacques II, née 1664, morte 1714.

182 bis. Molé (Mathieu), le célèbre garde des sceaux, né 1584, mort 1656.
183. Le Bon (Joseph), né à Arras 1769, mort sur l'échafaud 1795.
184. Le comte Jules de Polignac, homme d'état, C.
185. Vincent de Paule (Saint), né 1576, mort 1660. (Les lettres P. D. L. M. qui se trouvent sous la signature, signifient *prêtre de la miséricorde*.
186. Casimir Perrier, né 1777, mort 1832.
187. Fréron (Louis Stanislas) né 1757, mort 1802; il contribua à la chute de Robespierre.
188. Carnot (Lazare-Nic.-Marguerite), né 1753, mort 1823.
189. Lacordaire, prédicateur, C.
190. De Lascases; il partagea la captivité de Napoléon à Ste. Hélène.
191. d'Herbouville, préfet d'Anvers; il contribua puissamment à faire refleurir les arts dans cette ville, au commencement de ce siècle.
192. Maurice (comte de Saxe) né à Dresde 1696, mort 1750.
193. Colbert (Jean-Baptiste), célèbre ministre sous Louis XIV, né à Reims 1619, mort 1683.
194. Richelieu (Armand Du Plessis, cardinal de) né 1585, mort 1642.
195. Rancé (Armand, Jean, le Bouthilier, abbé de) né 1626, mort 1700, célèbre réformateur de la Trappe.
196. Sicard (l'abbé) né 1742, mort 1822; célèbre successeur de l'abbé de l'Épée.
197. Malouet (Pierre-Victor) préfet-maritime à Anvers où il fit exécuter de beaux travaux, né 1740, mort 1814.
198. Peyronnet, homme d'état, C.
199. Staël-Holstein, (Anne-Louise-Germaine *Necker*, baronne de), née 1766, morte 1817.
200. Tronchet (Fr.-Denis), né 1726, mort 1806; l'un des défenseurs de Louis XVI, de même que les deux suivants.
201. De Sèze (Romain), né 1750, mort 1828.
202. Malesherbes (Chrétien-Guill. Lamoignon de), né 1721, mis à mort 1794.
203. Tronson du Coudray (Guill.-Alex.) défenseur de la malheureuse Marie-Antoinette, né 1750, mort à Cayenne 1795.
204. Maintenon (Françoise d'Aubigné, marquise de), née 1635, morte 1719.
205. Campan (Henriette Genet, Mad^{me}.) née 1752, morte 1822.

206. Amable Tastu (Madame), poète, C.
207. De Bawr (Madame), écrivain, C.
208. Genlis (Félicité-Stéphonie, *Ducrest de Saint-Aubin*, comtesse de) née 1746, morte 1830.
209. Arnould (Sophie), née 1740, morte 1803.
210. La Valette (la comtesse Emilïe de), femme du comte Marie-Chaman de la Valette, qu'elle arracha à la mort, en s'introduisant dans sa prison et en changeant de vêtements avec lui.
211. Cousin, philosophe, C.
212. Abrantès (la duchesse d'), née 1784, morte 1838.
213. Malibran (Marie Félicité) née à Séville 1809, morte à Manchester 1836.
214. Mercœur (Elisa), femme poète que la mort a récemment enlevée aux lettres.
215. Capefigue, historien, C.
216. Fontanes (L. Marcellin de), né 1751, mort 1821.
217. Drake (François) célèbre marin anglais, né 1545, mort 1596.
218. Bacon (François), illustre philosophe anglais, né 1561, mort 1626.
219. Alembert (Jean Lerond d'), l'un des hommes les plus célèbres du 18e siècle; né 1717, mort 1783.
220. Buckingham (Georges Villiers, duc de), né 1592, assassiné par Felton 1628.
221. Strafford (Thomas Wentworth, comte de), né 1593, mis à mort 1641, célèbre par son dévouement pour son roi et ami Charles I.
222. Hampden (John), né 1594, mort 1643; l'un des principaux acteurs de la révolution d'Angleterre.
223. Fairfax (Lord Thomas), né 1611, mort 1671.
224. Albe (Ferdinand Alvarès de Tolède, duc d'), né 1508, mort 1582.
225. Requesens (Don Louis de), gouverneur des Pays-Bas sous Philippe II; mort 1576.
226. Farnèse (Alexandre), gouverneur des Pays-Bas sous Philippe II.
227. Lannoy (Don Fernando de).
228. Marguerite de la Mark, cousine du comte de Hennin, sous Philippe II.
229. Wygaert, l'un des principaux chefs de l'armée espagnole devant Alckmaer.
230. Albert, époux de Isabelle-Claire-Eugénie, fille de Philippe II.
231. D'Overloepe, secrétaire d'état, contresignant les actes de Louis de Requesens.
232. Noircarmes (le comte de), l'un des principaux personnages de la révolution sous Philippe II.
233. Mansfeld (Ch. comte de), également un des personnages les plus remarquables de cette révolution.
234. Egmont (Philipe d'), fils de l'amiral d'Egmont.
235. Egmont (Anne d'), sœur du précédent.
236. Weellemans (Corneille), greffier des états du Brabant sous Philippe II.
237. Sabine Palatine, femme de l'amiral d'Egmont.
238. Isabelle (Eugénie-Claire), épouse de l'archiduc Albert.
239. Marie de Hornes, épouse de Philippe d'Egmont.
240. Réné de Châlons, personnage remarquable de la famille d'Orange au 17me siècle.
241. Matio Corvino, l'un des chefs de l'armée espagnole sous Philippe II.
242. Berlaymont (Loys de), personnage célèbre de la révolution sous Philippe II.
243. Rudolf II, empereur d'Allemagne, né 1575, détrôné en 1611 par son frère Mathias.
244. Maximilien II, empereur d'Allemagne, fils de l'empereur Ferdinand I; né 1527, mort 1576.
245. Henri III, roi de France, assassiné par Jacques Clément 1589.
246. Ferdinand III, empereur d'Allemagne, né 1608, mort 1657.
247. Charles de Lorraine, frère de l'empereur François I, et époux de Marie-Élisabeth, sœur de Marie-Thérèse, gouverneur des Pays-Bas.
248. Marie-Élisabeth, épouse du prince Charles de Lorraine.
249. Nodanchel (comte de), personnage marquant sous Philippe II.
250. Guillaume Stanihurstus, jésuite, un des plus élégants latinistes de son temps, mort 1663.
251. D'Assonleville, l'un des personnages de la révolution sous Philippe II.
252. De Galaretta Ocarèz, attaché au gouvernement espagnol en Belgique au 17me siècle.
253. Le comte de Monterey, gouverneur des Pays-Bas au nom de Philippe II.
254. Avila (Balthazar de), célèbre général des Minimes, mort 1668.
255. Aremberg (Antoine-Charles d'), fils du duc Charles de Croi; entra dans l'ordre des Capucins; mort 1669.
256. Oliva, général des jésuites.
257. Gonzalès, général des jésuites.
258. Beyerlinck (Laurent), écrivain célèbre, né à Anvers 1578, mort 1627.
259. Jehan Richardot, président du conseil d'Artois.
260. A. Anselmo, avocat célèbre à Anvers, mort 1668.
261. Alexandre, Charles de Trogney, né à Anvers, auteur de quelques ouvrages de littérature.

262. Henricus Calenus, du pays de Liége; fut nommé à l'évêché de Ruremonde, mais renonça à cette dignité; mort à Bruxelles 1652.
263. E. A. Hellin, historien belge du 18me siècle.
264. Le marquis de Caracena, gouverneur des Pays-Bas, au nom de Philippe II.
265. Schokhaert, membre de la chambre des comptes à Bruxelles au 18me siècle.
266. Le prince de Chimay, gouverneur du Luxembourg au 17me siècle.
267. Van Brée (Mathieu-Ignace), peintre, né à Anvers 1773, mort 1839.
268. Van Brée, (Philippe), peintre, C.
269. Geerts (Charles), sculpteur, C.
270. Verheyden, peintre, C.
271. Madou, peintre, C.
272. Jacops (Joseph), peintre, C.
273. Baugniet, dessinateur, C.
274. Jacobs (Jacob), peintre, C.
275. Geefs (Guillaume), statuaire, C.
276. Geefs (Joseph), statuaire, C.
277. De Keyser (Nicaise), peintre, C.
278. Hunin (Aloïs), peintre, C.
279. Robbe, peintre, C.
280. Vander Ven, statuaire, C.
281. Gallait, peintre, C.
282. Simonis (Eugène), statuaire, C.
283. Van Ysendyck (Antoine), peintre, C.
284. Verstappen, peintre, C.
285. Verschaeren, peintre, C.
286. Van Regemorter (Pierre), peintre né 1755, mort 1832.
287. Van Regemorter (Ignace), peintre, C.
288. De Coene (Henri), peintre, C.
289. Ducorron, peintre, C.
290. Lauters, peintre, C.
291. De Braekeleer (Ferdinand), peintre, C.
292. Leys (Henri), peintre, C.
293. Herreyns peintre, (Guillaume) né 1743.
294. Wappers (Gustaf), peintre, C.
295. Durlet (François), architecte, C.
296. Hart, graveur de médailles, C.
297. Kremer, peintre, C.
298. Bourla, architecte, C.
299. Ruyten, peintre, C.
300. De Block (Eugène), peintre, C.
301. Verboeckhoven (Eugène), peintre, C.
302. Marinus, peintre, C.
303. Navez, peintre, C.
304. Tchaggeny, peintre, C.

305. Mathieu (Lambert), peintre, C.
306. De Meulemeester (Joseph-Ch.), né à Bruges 1771; mort à Anvers 1836; graveur.
307. Cels, peintre, C.
308. Corr (Erin), graveur, C.
309. De Vlamynck (P.), graveur, C.
310. Braemt, graveur en médailles, C.
311. Wiertz (A), peintre, C.
312. Vanderhaert, peintre, C.
313. Somers (Louis), peintre, C.
314. Correns, peintre, C.
315. Lies (Joseph), peintre, C.
316. Buschmann (Gustave), peintre, C.
317. Pèz, peintre, C.
318. Venneman, peintre, C.
319. Brown (Henri), graveur, C.
320. Slingenyer (Ernest), peintre, C.
321. Mols (Florent), peintre, C.
322. Hamman, peintre, C.
323. Carolus, peintre, C.
324. Horace Vernet, peintre, C.
325. Langlois, peintre, C.
326. Sebron (H.), peintre, C.
327. Gérard (François-Pascal-Simon, baron), célèbre peintre d'histoire; né à Rome 1770, mort 1837.— L'entrée d'Henri IV à Paris, est son chef-d'œuvre.
328. St.-Jean, peintre, C.
329. Guët, peintre, C.
330. Garneray, peintre, C.
331. Paulin-Guérin, peintre, C.
332. Jacquand (Claudius), peintre, C.
333. Pradier, sculpteur, C.
334. Lépaulle, peintre, C.
335. Pommayrac, peintre, C.
336. David d'Angers, statuaire, C.
337. Dela Croix (Eugène), peintre, C.
338. Dantan, statuaire, C.
339. Duval-le-Camus, peintre, C.
340. Dubufe, peintre, C.
341. Beaume, peintre, C.
342. Boulanger (Louis), peintre, C.
343. De Triquetti (H.) peintre, .C.
344. Bellangé, peintre, C.
345. Brascassat, peintre, C.
346. Bra (Théophile), sculpteur, C.
347. Fleury (Robert), peintre, C.
348. Francia, peintre, C.
349. Roqueplan (Camille), peintre, C.
350. Elschoët (Carl), sculpteur, C.
351. Chazal, peintre, C.

352. Calame, peintre, C.
353. Gigoux, peintre, C.
354. Biard, peintre, C.
355. Odry, acteur, C.
356. Bosboom, peintre, C.
357. Schelfhout, peintre, C.
358. Schotel, peintre, C.
359. Waldorp, peintre, C.
360. Kruseman, peintre, C.
361. Hersent, peintre, C.
362. Schadow, peintre, C.
363. Köhler, peintre, C.
364. Hildebrandt, peintre, C.
365. Ébers, peintre, C.
366. Magnus, peintre C.
367. Cammucini, peintre, C.
368. Nourrit (Adolphe), né 1800, mort à Naples 1839.
369. Lablache, chanteur, C.
370. Tamburini, chanteur, C.
371. Morlacchi, compositeur, C.
372. Tadolini, compositeur, C.
373. Talma (François), né 1761, mort 1826; le Roscius des temps modernes.
374. Monrose, célèbre acteur.
375. Desmousseaux, acteur, C.
376. Cartigny, acteur, C.
377. Arnal, acteur, C.
378. Brunet, acteur, C.
379. Bocage, acteur, C.
380. Potier, acteur, C.
381. Bouffé, acteur, C.
382. Philippe, acteur, C.
383. Trial, acteur, C.
384. Favart (Ch.-Simon), auteur comique, né 1710, mort 1792.
385. Carlin (Ch. Bertinazzi), célèbre acteur, né 1713,
386. Larive, Brival de Talma.
387. Lablache. (N. B. C'est par erreur que ce nom se trouve répété ici).
388. Lafon, acteur, C.
389. Duval, homme de lettres, (Alexandre).
390. Desaugiers, (Marc.-Antoine), célèbre chansonnier, né 1772, mort 1827.
391. Royer (Alphonse), romancier, C.
392. Ducray-Duménil (François-Guillaume), romancier, né 1761, mort 1819.
393. Raynouard (François-Juste-Marie), né 1761, mort 1836; auteur des *Templiers*.
394. Roujoux (le baron de), né 1779, mort 1836; auteur de l'*Angleterre pittoresque*.

395. Soulié (Frédéric), romancier, C.
396. Saintines, romancier, C.
397. Scribe (Eug.), auteur dramatique, C.
398. Gozlan (Léon), écrivain, C.
399. De Lacrételle (Henry), C.
400. Jouy, homme de lettres, C.
401. Brifaut, écrivain, C.
402. Masson (Michel), romancier, C.
403. Blanqui, économiste, C.
404. Sue (Eugène), romancier, C.
405. Lemercier (Népom.-Louis), né 1772, mort 1840.
406. Chevalier (Michel), publiciste, C.
407. Nisard, écrivain, C.
408. Le Brun (Ponce-Denis Ecouchard), célèbre poète lyrique; né 1729, mort 1807.
409. Michaud, et poëte né 1767, mort 1839.
410. Freletz, publiciste.
411. Considérant (Victor), écrivain socialiste, C.
412. D'Arlincourt (le vicomte), romancier, C.
413. Carmouche, vaudevilliste, C.
414. Andrieux (Franç.-Guill.-Jean-Stanislas), né 1759, mort 1833.
415. Arnoult, littérateur, C.
416. Baour-Lormian.
417. Delavigne (Casimir), l'un des plus célèbres poètes de ce siècle; né au Hâvre 1793, mort 1843.
418. Berthoud (Henri), romancier, C.
419. Ballanche, philosophe, C.
420. Brillat de Savarin (Anthelme), né 1755, mort 1833; auteur de la Physiologie du goût.
421. Barthélemy, poëte, C.
422. Mérimée, écrivain, C.
423. Marchangy (Louis-Ant. de), né 1780, mort 1826; auteur de la Gaule poétique.
424. Karr (Alphonse), romancier, C.
425. Béranger, poëte, C.
426. Pongerville, écrivain, C.
427. Mélesville, auteur dramatique, C.
428. Bayard, auteur dramatique, C.
429. Dumas (Alex.), romancier et auteur dramatiq. C.
430. Hugo (Victor), poëte, romanc. et auteur dram. C.
431. Méry, poëte et romancier, C.
432. Sainte-Beuve, poëte et critique, C.
433. Viennet, écrivain, C.
434. Le vicomte de Walsch, écrivain, C.
435. De Kock (Paul), romancier, C.
436. Walkenaer (le baron de), archéologue, C.
437. Picard (L.-Benoit), auteur dramatique, né 1769, mort 1828.
438. Poujoulat, écrivain, C.

439. Pichot (Amédée), écrivain, C.
440. Tissot, littérateur, C.
441. Ducange (Victor), romancier et auteur dramatique, né 1783, mort 1833.
442. Bonjour (Casimir), écrivain dramatique, C.
443. Brazier, vaudevilliste, C.
444. Roger de Bauvoir, romancier, C.
445. Aimé Martin, littérateur, C.
446. Grétry (André-Ernest-Modeste), célèbre compositeur, né à Liége 1741, mort 1813.
447. Beaumarchais (P.-Aug. baron de), célèbre auteur dramatique; né 1732, mort 1799.
448. Walter Scott, le plus célèbre des romanciers; né à Édimbourg 1771, mort 1832.
449. La Grange-Bouillon, mathématicien.
450. Belsunze (H.-Fr.-Xavier), célèbre évêque de Marseille; né 1671, mort 1755.
451. Desmarest (Nicolas), de l'Académie des Sciences, né 1725, mort 1815.
452. Concini Concino, (dit le maréchal d'Ancre); né à Florence, assassiné sur l'ordre de Louis XIII, 1617.
453. Bossu, de l'Académie des Sciences.
454. Le Roy d'Étiolles, médecin, C.
455. Le Breton, (Joachim), voyageur.
456. Spinola (Ambroise, marquis de), général célèbre, né 1571, mort 1630.
457. Overlact, célèbre dessinateur à la plume, né et mort à Anvers.
458. De Ram, recteur magnifique de l'Université de Louvain, C.
459. Van Eupen l'un des principaux personnages de la révolution brabançonne.
460. Fruytiers, graveur belge distingué.
461. Boutats, sculpteur belge.
462. Beschey, sculpteur de grand mérite.
463. Vander Voort (Michel), sculpteur célèbre.
464. Dhulster, littérateur, C.
465. Ledeganck (Charles), littérateur, C.
466. Willems, littérateur, C.
467. Altmeyer, historien, C.

468. Van Hasselt (André), littérateur, C.
469. Van Ryswyck (Théodore), poëte, C.
470. Reiffenberg (le baron de), littérateur, C.
471. Stassart (le baron de), fabuliste, C.
472. De Gerlache, historien, C.
473. Kerckhove (le vicomte de), écrivain, C.
474. Schayes, historien, C.
475. Borgnet, historien, C.
476. Omalius (le baron d') écrivain.
477. De Smet (J. J.), historien, C.
478. Voisin (Auguste), savant distingué, mort 1842.
479. Delepierre (Octave), littérateur, C.
480. Bogaerts (Félix), littérateur, C.
481. Conscience (Henri), littérateur, C.
482. Buschmann (Ernest), littérateur, C.
483. Miræus (Aubertus).
484. De Cuyper (Jean-Baptiste), statuaire, C.
485. Puteanus (Erycius), *Henri Dupuy*, philologue célèbre, né 1574, mort à Louvain 1646.
486. Maximilien Emanuel, électeur de Bavière, gouverneur des Pays-Bas pour le roi d'Espagne, né 1662, mort 1726.
487. O'Connell (Daniel), orateur, C.
488. De Pradel (Eugène), improvisateur, C.
489. Moke, littérateur, C.
490. Quetelet, astronome, C.
491. Lesbroussart (Philippe), littérateur, C.
492. S. M. Léopold, roi des Belges, C.
493. Skrynecky (le général), C.
494. Nothomb, homme d'état, C.
495. Vande Weyer (Sylvain), homme d'état et écriv. C.
496. Rogier (Charles), homme d'état, C.
497. Don Juan (d'Autriche), célèbre général espagnol; né 1629, mort 1679.
498. Traut Mansdorff, gouverneur des Pays-Bas pour la maison d'Autriche à la fin du siècle dernier.
499. Chassé (baron), général, C.
500. François duc d'Alençon, frère d'Henri III de France, célèbre par l'événement connu sous le nom de Camisade d'Anvers.

TABLE PAR ORDRE ALPHABÉTIQUE.

	NUMÉROS.
Abrantès (la duchesse d').	212
Achembach.	115
Albe (Ferd. Alvarès de Tolède duc d')	224
Albert.	230
Alembert (Jean-Leroud d')	219
Alibert (Jean-Louis).	136
Allart.	60
Altmeyer.	467
Amable Tastu (Mme)	206
Ammon.	121
Ancelot.	76
Ancelot (Madame).	77
Andréossy (Antoine-François).	61
Andrieux (Franç.-Guill.-Jean-Stan.)	414
Anne, reine d'Angleterre	182
Anselmo (A.).	260
Aremberg (Antoine-Charles d')	235
Arlincourt (le vicomte d')	412
Arnal.	377
Arnould (Sophie).	209
Arnoult.	415
Ary Scheffer.	107
Assonleville (d')	231
Avila (Balthazar d').	254
Augereau (P.-F.-Ch.).	162
Azaïs (Pierre-Hyacinthe).	42
Bachmann.	126
Bacon (François).	218
Ballanche.	419
Baour-Lormian.	416
Barthélemy	421
Bassano (le duc de).	55
Baugniet.	273
Bayard.	428
Beauharnais (le prince Eugène de)	85
Beaumarchais (P.-Aug. baron de)	447
Beaume.	341
Bellangé.	344
Bellune (Victor, duc de).	173

	NUMÉROS.
Belsunze (H.-Fr.-Xavier).	450
Béranger	423
Berlaymont (Loys de).	242
Bernadotte (roi de Suède)	53
Bernis (le cardinal de)	86
Berryer	181 *bis*
Berthoud (Henri).	418
Beschey.	462
Beyerlinck (Laurent).	258
Biard.	534
Bilderdyck (Guillaume).	129
Blanqui.	403
Bocage.	379
Bogaerts (Félix).	480
Boleyn (Anna).	156
Bonaparte (Napoléon)	4 et 5
Bonaparte (Louis).	74
Bonaparte (Lucien).	75
Bonaparte (Joseph).	153
Bonaparte (Jérôme).	147
Bonjour (Casimir).	442
Borgnet.	475
Bosboom.	356
Bossu	455
Bouffé.	381
Bouilly (Jean-Nicolas).	163
Boulanger (Louis).	342
Bourbon (Louis de).	179 *bis*
Brazier	443
Boutats	461
Bourla.	298
Bra (Théophile).	346
Braemt	310
Brascassat.	345
Brifaut.	401
Brillat de Savarin (Anthelme)	420
Brown (Henri)	319
Brunet.	378
Buckingham (Georges Villiers, duc de)	220

	NUMÉROS.
Buffon (G.-L. Leclercq, con te de).	10
Buschmann (Ernest).	482
Buschmann (Gustave).	316
Calame.	332
Calenus (Henricus).	262
Calonne.	143
Cambacérès (J.-J. Régis de)	142
Cammucini.	367
Campan (Henriette Genet, Mad^{me}).	205
Capefigue	215
Caracena (le marquis de)	264
Carafa	94
Carlin (Ch. Bertiuazzi).	585
Carmouche.	413
Carnot (Lazare-Nic.-Marguerite)	188
Carolus.	323
Carrier (J.-B.).	141
Cartigny.	370
Catherine d'Arragon.	155
Cels.	307
Chapelain (J.).	83
Chaptal (le sénateur Jean-Ant.)	79
Charles-Philippe ; — Charles X.	7 et 8
Charles-Maurice.	16
Charles II, roi d'Angleterre	131
Charles 1er, roi d'Angleterre.	168
Charles II, roi d'Angleterre	179
Charles de Lorraine.	247
Chassé (baron).	499
Châteaubriand.	31
Chazal.	351
Chérubini.	96
Chevalier (Michel)	406
Chimay (le prince de).	266
Chollet	101
Christine, reine de Suède	149
Colbert (Jean-Baptiste)	193
Collot d'Herbois (Jean-Marie).	137
Concini Concino (dit le mar. d'Ancre).	452

	NUMÉROS.
Conscience (Henri)	481
Considérant (Victor)	411
Cooper (Fenimore)	93
Corr (Erin)	308
Correns	314
Cousin	211
Couthon (Georges)	173
Cromwell (Olivier)	109
Cuvier (Georges)	123
Dantan	338
David (J.-L.)	32
David d'Angers	336
De Balzac	64
De Bawr (Madame)	207
De Block (Eugène)	300
De Braekeleer (Ferdinand)	291
Dechamps (Émile)	159
De Coene (Henri)	288
De Cuyper (Jean-Baptiste)	484
De Galarreta Ocarèz	252
De Gerlache	472
De Haldat	131
Dhuister	464
De Keyser (Nicaise)	277
De Kock (Paul)	435
De Lacretelle (Henri)	399
Delacroix	72
Dela Croix (Eugène)	337
De la Lande (Joseph-Jér.-Franç.)	29
De La Martine (Alphonse)	160
Delaroche (Paul)	66
De Lascases	190
Delavigne (Casimir)	417
Delepierre (Octave)	479
De Meulemeester (Joseph-Ch.)	306
Denon (le baron Domin.-Vivant)	36
De Pradel (Eugène)	488
De Ram	458
Desaugiers (Marc-Antoine)	390
De Sèze (Romain)	201
Desmarest (Nicolas)	451
De Smet (J.-J.)	477
Desmousseaux	375
De Triquetti (H.)	343
De Vlamynck (P.)	309
De Vigny (Alfred)	68
Don Juan (d'Autriche)	197
D'Overloepe	251
Drake (François)	217
Drœxler Manfred	128
Dubufe	340
Ducange (Victor)	441
Ducis (Jean-François)	45
Duchesnois (Mad^{lle} Joséphine-Rafin)	93
Ducorron	389
Ducray-Duménil (Franç.-Guillaume)	392
Durlet (François)	295

	NUMÉROS.
Duroc (Gérard-Christ.-Michel)	138
Dufflot	98
Dumas (Alex.)	429
Dumont Durville (Jules-Séb.-César)	23
Duperré (l'amiral)	54
Duval-le-Camus	339
Duval (Alexandre)	389
Ebers	363
Egmont (Philipe d')	234
Egmont (Anne d')	235
Elisabeth, reine d'Angleterre	167
Elschoët (Carl)	330
Esling (le prince d')	41
Fairfax (Lord Thomas)	223
Farnèse (Alexandre)	226
Favart (Ch.-Simon)	384
Félibien (André)	88
Ferdinand III	246
Férussac (Fr. d'Audebard baron de)	140
Fleury (Robert)	347
Fontanes (L. Marcellin de)	216
Fouché de Nantes (Joseph)	178
Fouquet (Nicolas)	86
Fouquier-Tinville (Antoine-Quintin)	133
Fourcroy (Antoine-François de)	132
Foy (Maximilien-Sébastien)	52
Francia	348
François Ier, roi de France	150
François, duc d'Alençon	500
Frédéric-Guillaume, roi de Prusse	62
Freletz	410
Fréron (Louis-Stanislas)	187
Fruytiers	460
Gall (François-Joseph)	21
Gallait	281
Garneray	330
Gavarni	110
Gautier (Théophile)	63
Geefs (Guillaume)	275
Geefs (Joseph)	276
Geerts (Charles)	269
Genlis (Félicité-Stéphonie)	208
Gérard (Franç.-Pascal-Sim., baron)	327
Georges (Mademoiselle)	90
Gigoux	355
Girodet-Trioson (Anne-Louis)	109
Gonzalès	257
Gozlan (Léon)	398
Granet	108
Grétry (André-Ernest-Modeste)	446
Grey (Jane)	137
Gros (Antoine-Jean baron de)	81
Grouchy	164
Gudin	33
Guët	329
Guillaume I, roi des Pays-Bas	50
Guizot	18

	NUMÉROS.
Halevy	102
Hamman	322
Hampden (John)	222
Hart	296
Hellin (E.-A.)	263
Henri IV, dit le Grand	12
Henri VIII, roi d'Angleterre	154
Henri III, roi de France	245
Hérault de Séchelles (Marie-Jean)	138
Herbouville (d')	191
Herreyns (Guillaume)	293
Hersent	361
Hildebrandt	364
Hornes (Marie de)	239
Hugo (Victor)	430
Humboldt (Alexandre de)	44
Hunin (Aloïs)	278
Isabelle (Eugénie-Claire)	258
Isabey	67
Isabey	70
Jacobs (Jacob)	274
Jacobs (Joseph)	272
Jacotot (Jean-Joseph)	34
Jacques II, roi d'Angleterre	180
Janin (Jules)	152
Jacquand (Claudius)	352
Jordan (Rudolf)	127
Jouy	400
Karr (Alphonse)	424
Kaulbach	114
Kerckhove (le vicomte de)	475
Koekkoek	125
Köhler	365
Kosciusko	171
Kotzebue (Aug.-Fréd.-Ferd.)	155
Kremer	297
Kruseman	360
Lablache	369
Lacépède (Ét. de la Ville comte de)	30
Lacordaire	189
La Fayette (Gilbert Motier marq. de)	58
Lafon	388
La Grange-Bouillon	449
La Harpe (J.-François de)	38
Langlois	525
Lanjuinais (J.-Denis)	177
Lannoy (Don Fernando de)	227
La Place (P. Simon, marquis de)	26
Larive	386
La Valette (la comtesse Emilie de)	210
Lauters	290
Le Bas	105
Le Bon (Joseph)	183
Le Brun (Charles)	69
Le Brun (Ponce.-Denis Ecouchard)	408
Le Breton (Joachim)	453
Le Cointre (Laur., dit de Versailles)	176

	NUMÉROS.
Ledeganck (Charles)	465
Lemercier (Népom.-Louis)	405
Lenoir (le chevalier Alexandre)	39
Léopold, roi des Belges	492
Lépaulle	334
Le Roy d'Étiolles	434
Lesbroussart (Philippe)	491
Leys (Henri)	292
Lies (Joseph)	315
Linné (Charles)	118
Louis XIV, dit le Grand	1
Louis XV, dit le Bien-Aimé	2
Louis XVI	3
Louis XVIII	6
Louis-Philippe	9
Martin (Aîné)	445
Moreau (J.-Victor)	56
Mollevaut (Charles-Louis)	71
Montmorency (Henri II, duc de)	82
Mondeux (Henri)	91
Monnier (Henri)	113
Monge (Gaspard)	134
Murat (Joachim)	148
Mirabeau (Honoré-Gab. comte de)	172
Mirabeau, père (marquis de)	174
Molé (Mathieu)	182 bis
Meyerbeer	35
Monterey (le comte de)	255
Macdonald (Étienne-Jacq.-Jos.-Alex.)	57
Madou	271
Magnus	366
Maintenon (Franç. d'Aubigné, m. de)	204
Malesherbes (Chrét.-G. Lamignon de)	202
Malibran (Marie Félicité)	213
Malouet (Pierre-Victor)	197
Mansfeld (Ch. comte de)	253
Marchangy (Louis-Ant. de)	423
Marguerite de la Mark	228
Marie-Élisabeth	248
Marinus	302
Masséna (André)	161
Masson (Michel)	402
Mathieu (Lambert)	503
Matio Corvino	241
Maurice (comte de Saxe)	192
Maximilien II, emper. d'Allemagne	244
Maximilien Emanuel	486
Mazarin (Jules)	180 bis
Mélesville	427
Mercœur (Élisa)	214
Mérimée	422
Méry	431
Michaud	409
Miræus (Aubertus)	483
Moke	489
Mols (Florent)	321
Monrose	374

	NUMÉROS.
Morlacchi	371
Nassau (Guillaume de)	47
Navez	303
Nisard	407
Nodanchel (comte de)	249
Nodier (Charles)	63
Noggerath	116
Noircarmes (le comte de)	252
Nothomb	494
Nourrit (Adolphe)	368
Nourrit (Adolphe)	105
Nuyen	124
O'Connel (Daniel)	487
Odry	355
Olden Barnevelt (Jean)	19
Oliva	236
Omalius (le baron d')	476
Ommeganck	89
Orange Nassau (Guillaume IV, pr. d')	48
Orange Nassau (Guillaume V, pr. d')	49
Orléans (Philippe d')	145
Orléans (Louis-Phil.-Joseph, duc d')	146
Overlaet	437
Paër (Ferdinand)	92
Paganini (Nicolo)	20
Panseron	106
Pasta (Madame)	43
Paulin-Guérin	331
Perrault (Claude)	87
Perrier (Casimir)	186
Peyronnet	198
Pez	317
Philippe II, roi d'Espagne	166
Philippe	382
Picard (L.-Benoit)	437
Pichot (Amédée)	439
Polignac (le comte Jules de)	184
Pommayrac	335
Pongerville	426
Potier	380
Poujoulat	438
Pradier	333
Préla (Thomas)	130
Puteanus (Erycius)	485
Quetelet	490
Rancé (Armand-Jean, abbé de)	193
Raynouard (François-Juste-Marie)	395
Réaumur (Réné-Antoine)	139
Redouté (P.-Joseph)	100
Reiffenberg (le baron de)	470
Réné de Châlons	240
Requesens (Don Louis de)	223
Richardot (Jehan)	259
Richelieu (Arm. du Plessis cardin. de)	194
Robbe	279
Roger de Bauvoir	444
Rogier (Charles)	496

	NUMÉROS.
Roqueplan (Camille)	349
Rossini	104
Rouget de l'Isle (Joseph)	59
Roujoux (le baron de)	394
Royer (Alphonse)	391
Rubini	99
Rudolf II, empereur d'Allemagne	243
Ruyten	299
Sabine Palatine	237
Saintines	396
Sainte-Beuve	432
St.-Jean	328
Saint-Simon (Cl.-Henry)	37
Sand (George)	17
Santerre (Claude)	144
Schadow	362
Sbayes	474
Schelfhout	357
Schokhaert	265
Schotel	358
Schrœder	119
Schwanthaler	120
Scribe (Eug.)	397
Scudéry (Mlle Madelaine de)	84
Sebron (H.)	326
Sicard (l'abbé)	196
Sidney (Lady Morgan)	25
Silvio Pellico	46
Simonis (Eugène)	282
Skrynecky (le général)	493
Slingeneyer (Ernest)	320
Smerling	117
Somers	313
Soulié (Frédéric)	395
Spinola (Ambroise, marquis de)	456
Staël-Holstein (Anne-L.-G. bar. de)	199
Stanihurstus (Guillaume)	250
Stassart (le baron de)	471
Strafford (Thom. Wentworth)	221
Sue (Eugène)	404
Tadolini	372
Talleyrand (Charles-Maurice de)	24
Tallien (J.-Lambert)	170
Talma (François)	373
Tamburini	370
Tchaggeny	304
Thorwaldsen (Albert)	40
Tissot	440
Tollens	27
Traut Mansdorf	498
Trogney (Alex. Ch. de)	261
Tronchet (Fr.-Denis)	200
Tronson du Coudray (Guill.-Alex.)	203
Trial	383
Tudor (Marie)	165
Turenne (vicomte de)	28
Turgot (Aimé-Robert-Jacques)	11

	NUMÉROS.
Van Brée (Mathieu-Ignace)	267
Van Brée (Philippe)	268
Vanderhaert	312
Van der Noot (Henri-Nicolas)	14
Vander Ven	280
Vande Weyer (Sylvain)	495
Vander Voort (Michel)	463
Van Eupen	15
Van Hasselt (André)	468
Van Regemorter (Pierre)	286
Van Regemorter (Ignace)	287
Van Ryswyck (Théodore)	460
Van Ysendyck (Antoine)	285
Venneman	318

	NUMÉROS.
Verboeckhoven (Eugène)	301
Verheyden	270
Vernet (Horace)	324
Verschaeren	285
Verstappen	284
Vestris (Goëtano-Apolino-Balthazar)	78
Vien (Joseph-Marie)	111
Viennet	433
Vieuxtemps	22
Vincent de Paule (Saint)	183
Visconti	97
Voisin (Auguste)	478
Vonck	13
Wagram (Alex.-Berthier, prince de)	51

	NUMÉROS.
Walkenaer	436
Waldorp	359
Walsch (le vicomte de)	434
Walter Scott	448
Wappers (Gustaf)	294
Weellemans	236
Wiertz (A.)	311
Willems	466
William III, roi d'Angleterre	181
Winterhalter	75
Wygaert	229
Ziegler	112
Zwirner	122

1. *(XIV)* [signature]

2. *Louis* (XV)

3. Versailles le 20 Février 1780.

J'ai appris Monsieur que Mr de Tourzel
ancienne croyant bien faire avoit fait former
des banquettes dans votre loge à la Comédie de la
ville. comme en ce jour moi qui lui en avoit
donné l'ordre, vous n'avez qu'à demander à l'Officier
de la Bourcerie ce qu'a la d'ivoire de faire défaire
qu'on avoit fait ce de laisser la vos comme cela
un auparavant. *(XVI)* [signature]

4. [annotations, crossed out] Boulevard

5. *(Napoléon)* 1810 [signature]

6. *Louis.* (XVIII)

7. recommandé avec un
véritable intérêt
[signature with seal]

8. *Charles* (X)

9. *Louis Philippe* (1ᵉʳ)

PL. I.

10

; je serai très enchanté de
vous revoir, Monsieur, et d'entendre de vous même le
détail des découvertes que vous avés faites sur l'électricité.
; cette matière
est encore neuve à bien des égards, et je suis charmé que pour
l'ayés prise pour l'objet de vos travaux. Recevés, Monsieur,
tous mes vœux au renouvellement de cette année avec les
assurances de l'attachement sincère et respectueux avec
lequel j'ai l'honneur d'être votre très humble et très
obéissant serviteur
            le C.te de Buffon
à Buffon le 3 Janvier 1780

11

1° utilité des Citoyens.
2°. Conservation de la vie et de la santé des sujets qui font la force de l'état
Décharge des hôpitaux et des secours que l'état doit aux sujets mal-
heureux au peuple s'ils sont donnés, inhumanité à les pas donner.
3° avantage des secours payés sur les secours gratuits.
1° eux sans honte. 2° entretenant dans le peuple l'économie
3° avantageux même aux pauvres en ce que la honte deviendra un
rempart pour défendre le bien des pauvres. 4° en ce qu'ils sont un nouvel
aiguillon pour le travail. conciliation de la politique et de
l'humanité.
                (Note de la main de Turgot)

12

(IV — 1598)

13

J. F. Vonck

14

H. C. N. Van der Noot

15

Van Eupen

16

charles maurice
(1810)

17

... tous mes complimens
G. Sanf

18

Agréez, je vous prie, mes hommages
respectueux
Guiton

19

Fray del Barnabite
(1606)

PL. II.

20.

Nicolò Paganini

21.

Je vous salue *Spee.*

22.

Vieuxtemps

23.

J. D'Mueller

25.

Sydney Morgan

24.

... vous n'avez permis de ne
... lire les papiers anglais, soye
... bon pour ne pas les prêter
... que j'aye été vous voir
... jour où ...
27 pourrai *Talleyrand*

26.

Laplace

27.

*Het acting Marneef,
H. Tollens, k.*

28.

*se certifie que Bouvenville
... vrai longtemps dans
... qui m'écrite
... dans des instants de
... voir ceux qui prouvement
... mayor de si accevoir*

29.

*Votre très humble et très obéissant
serviteur
De la Lande
Directeur de l'académie des sciences*

30.

Lagrange

PL. III.

31.

Recevez, Monsieur, l'assurance de ma considération distinguée

32.

Votre dévoué serviteur et confrère   Chateaubriand

David

33.

Agréez monsieur l'expression de ma considération la plus distinguée

34.

Mon Cher Compatriote,   Meyerbeer

Je vous gronderais, si je l'osais, d'avoir
tant tardé à vous décider. vous avez fait   **35.**
perdre à l'Enseignement Universel le   P. Gaudi
plus beau fleuron de la Couronne,
puisque l'ouvrage étant imprimé, je   **36.**
ne puis citer cette fois le plus étonnant   Denon
de tous nos résultats. j'espère que
dans le troisième volume grâce au   **37.**
zèle de Mademoiselle Elisa, j'aurai   Vinroy
bien d'autres Succès à annoncer je ne
dis pas pour la Conversion du Public   **38.**
mais pour l'Encouragement de nos   Delaharpe
Elèves.
    J. Jacotot   Le Chev. Alexandre Lenoir
                        39.

PL. IV.

40

Hele Deres Kongl. Familie fra Deres Ded=
...ommelige Ven
        Albert Thorvaldsen

41

Je suis avec respect,
    de Votre Altesse
        Le très très humble serviteur
        Le Marechal d'Empire
            Prince d'Essling

42

Tout-a vous.
        Azaïs

43

...

45

Votre très humble et très
obéissant Serviteur
    — Ducis —

46

Suo umill.mo ed obb.mo servo
    Silvio Pellico

44

Je viens de trouver, mon cher
... Humboldt

47.
tré bien bon amy
Gmlle de nassau
(1861.)

48.
Prince d'orange & Nassau
(1744)

49.
Votre très humble et très
obéissant serviteur
Gr Pr d'Orange
(1788)

50.
Gr Pr d'Orange
(1808)

51.
[signature]

52.
Le Lieutenant général des Armées du Roi
M. I. Roy

53.
J. Bernadotte

54.
Votre affectionné
amal Duperré

55.
L. Duc de Bassano

56.
Salut et fraternité Moncey

57.
Mauvraq

58.
mille remerciemens Lafayette

PL. VI.

PL. VII

76

bonheur, s'il est vrai qu'on le trouve ici bas,
car combien de douleurs ne l'achetons nous pas ?
Dieu lui-même, fournir à cette loi sévère,
pour remonter au ciel passa par le Calvaire.

Ancelot

octobre 1840

77

[signature] Ancelot

78

Vestris

79

Monsieur van Brée peintre de Sa majesté l'impératrice
et reine —

Vous méritez, mon cher van Brée, de la distinction
honorable que vient de vous accorder l'impératrice. Cet
honneur rejaillit sur anvers qui est une terre classique
pour les peintures et vos concitoyens doivent regarder cette
faveur comme une illustration qui vous est commune à tous
je sais combien vous êtes aimé de vos compatriotes et je ne
doute pas qu'ils ne partagent cette gloire avec vous
je vous prie de recevoir l'expression de tous les sentiments
que je vous ai voués

[signature]

80

Fouquet

81

L'un de vos plus respectueux et
affectionné ami
Gros

PL. VIII

82.

Monsieur, Je ne me
consense pas de vous faire sçavoir
la part que je prens a la joie commune
de tous ceux qui ont de la passion au service
du roy et au bien de l'estat, de vous voir
avec tant de merite dans la direction
de ces affaires, la profession expresse
que je fais d'estre vostre serviteur, demande
le tesmoignage d'un ressentiment si particulier, lequel est a ce poinct qu'aucunes
paroles ne vous le peuvent representer.
J'ay de l'impatience de m'aller rejouir
avec vous de ce digne choix que l'on
a fait avec tant de raison pour vostre
advantage, et de satisfaction pour moy, qui
ay pour son service l'amour et le zele de mon
devoir, et aussi de vous conserver mes
offres avec tant de long et de fidelité
que vous serez obligé de m'aimer, ce que
j'ay jusques icy obtenu de vostre seule

(Henri Duc de Montmorency au Cardinal de Richelieu)
10 mars 1624.   PL IX

Monsieur

La joye se redoublera dans vostre ame d'avoir dedié Vostre excellente Icenographie lors que vous verrés par la nouvelle gratification que Monsieur Colbert vous envoye de la part du Roy que Sa M. n'honnore pas seulemt de ses bienfaits ceux qui ont disposition à honnorer ses grandeurs, mais qu'elle ne laisse jamais aucune raisonnable attente sans sa juste retribution. Vous ne sçauriés sçavoir trop de consolation de la beneficience du Prince ni de l'humanité de son vertueux Ministre qui semble disputer de bonté avec Soy. Ne vous laisser pas surmonter par vos Bien faicteurs en ce qui depend de vous j'ay assuré Monsieur Colbert que vous auiés sur le mestier un Ouurage de toute autre consequance que celuy cy quelque considerable qu'il soit, puis qu'il y agit de toute la Machine celeste, mieux examinée et esclaircie qu'elle n'a esté jusques a cquet Ouurage est encore destiné à Sa M.té, digne sacrifice pour vn si sublime Autel. L'annonce en a pleu au Monarque et au Ministre, et vous vous en ferez grand honneur auprés d'eux quand il sera en estat de paroistre au jour Cependant moqués vous de ces foibles envieux dont les traits n'ont fait aucun effet dans l'esprit des gens de bien et n'ont seruir que a les faire retomber sur leur teste. Remerciés S. M. et Monsieur Colbert, et aimez tousjours

Vostre tres humble et tres obt
seruiteur chapelain

Madeleine de Scudery

Eugene de Savoye

Le Card. de Berny

Perrault

Felibien

PL. X

89

ondertusschen hebbe D'eer Van te Zyn
met alle mogelyke achting

90   VDWDrinaer
George H   LBOmmeganck

91.   92.

26 ans ou 13665600 minutes
ou 819936000 secondes.   J. Saër
de Henri Mondeux

93.   94.

Agreez monsieur, l'esperance de ma haute ans. distin
    J. Fenimore Cooper
    Dec. 26. 1826.

95.   96.

neuvy d'assurance mademoiselle   Le Cherubini
de ma bien vive reconnaissance
et de mon attachement sincère
    J. Quesnoy
                              98
97.   Votre très humble
Votre dévoué Serviteur   et très obéissant serviteur
J. Visconti.   99
                 Rubini

                              PL. XI

100.
J'ai l'honneur de vous saluer parfaitement
Redouté

101.
Tholet

102.
Halévy

103.
agréez monsieur l'expression de ma considération distinguée *B. de Roy* *archiviste membre de l'Institut*

105.
Ad. Nourrit

104.
G. Rossini

106.
Andora

107.
Ary Scheffer

108.
tout à vous
Granet

109.
Girodet-Trioson

110.
Gavarni

112.
J. Ziegler

111.
J'ai l'honneur de vous saluer
Vien

113.
Henry Monnier

Pl. XII

114.

Die Hochschätzenden
Wilhelm Hantley

115.

R. Rheinbach

116.

J. Roggerat

117.

Schmerling

118.

dabam Upsala 1773 Maj 10.
Car. Linné

119.

A Schrowter

120.

L Schwanthaler

121.

(Rümmel)

122.

ganz ergebenst
Simon

123.

Ihrer Freund
B. F. Kochkuch

124.

W. J. Nuijen

125.

B. J. Ulrici

126.

Unterthänigster Diener
Dr. Carl Fr. Bachmann
Hofrath und Director
Grossh. Mineral. An-
stalten

127.

Rudolphsdan.

128.

ganz der Ihrige
Xaver Maufred

PL XIII

129.

God-alleen.

Ὅτι αὐτὸς μέλει περὶ ὑμῶν.

Die niet begeert dan God-alleen,
Kan nooit van Hem verlaten weezen;
Wat zou hy dus in tegenheên,
Wat zal hy in beproeving vreezen? —
't Word' duister voor een oogenblik;
Zijn ziel bevangt geen wankoopschrik;
Hy kent zijn Heiland, zijn behouder,
Ontfangt, indien 't Gods wil gebiedt,
Het kruis gewillig op zijn schouder,
En wederstreeft zijn Vader niet.
Hy lijdt, maar dankt ook zelfs voor 't lijden
Als blijk van 't vaderlijke kastijden,
Als weldaad uit de vaderhand;
Beveelt zich die met zielsvertrouwen,
En houdt in 't hoopvol uitzicht stand
Van eens het heilrijkste licht te aanschouwen,
Als Jezus by 't bazuingeschal
De zijnen tot zich neemen zal. —
En waarom zou hy meer verlangen?
Wat 's voor- of tegenspoed op de aard!
Wat vreê, wat zorg zou hem bevangen
Wien Gods almachtig hand bewaart?
Neen, dood of leven, vreugd of smarte,
Zijn één voor 't Godgeheiligd harte.

B

(Bilderdijck.)

130.

Votre Trs humble Trs obeyst. servit.
Thoms Sneli

131

Votre très humble serviteur
W de Haldat du...

132.

Fourcroy

133.

R. J. Buquiro

134

Je vous remercie, Monsieur et cher collegue, de
l'honneur de votre bonne main[?].

Mouge

P. L XIV.

135.

Kotzebue prend la liberté de prier Mr. Perregaux, de vouloir bien avoir la bonté de faire remettre au porteur le contenu de la lettre de change ci-incluse, et même vingt Louis de plus, sur la lettre de crédit pareillement jointe à ce billet. Avant son départ prochain Kotzebue ne manquera pas de venir lui même présenter ses respects à Mr. Perregaux et le remercier de toutes ses bontés

à Paris ce 4 Decbr. 1803.

136

Je viens de recevoir de l'amérique méridionale des échantillons d'un excellent quinquina dont j'ai donné l'année dernière une histoire assez détaillée à la société médicale, et dans ma dissertation sur les fièvres intermittentes pernicieuses.

Alibert Médecin
de l'hôpital Saint Louis.

137. — 138

Les Membres du Comité de Salut public
chargés de la correspondance,

Collot d'Herbois   Hérault

PL. XV.

139

j'ai l'honneur d'être avec un profond respect
et un parfait devouement.

Monsieur   Votre très humble
                    et très obéissant serviteur
                    de Beaumont

140

Votre très humble
Serviteur
Perollier

141

Salut, fraternité
Carrier Député du Cantal

142   je sais a l'instant

Pembucies

143

Salut et mille Compliments
De Calonne

144   145

[signature]   Philippe d'Orléans

P.L. XVI.

146.

le Citoyen
Si M. Guvignan veut se donner la
peine de passer chez Egalité ou d'y
envoyer quelqu'un il est sûr de le trouver
tous les matins chez lui depuis 8 heures
jusqu'à 10½. il est également sûr
de le trouver à la Convention entre
11 heures et 3. si cela lui convient mieux
il lui souhaite le bonjour.

(Louis. Philippe. Joseph. Duc d'Orléans.)

147.

J. Bonaparte

148.

J. Murat

149.

[signature]

150.

Françoys (I.)

151.

Vostre tresaffectionné frere et
Cousin

Charles (II)

152.

[signature]

153.

[signature]

P L. XVII.

154.

[signature] (VIII)

155.

Katherina the Qweene

156.

anne bolleyn

157.

JANE the Quene

158.

[signature]

159.

[signature]

160.

Monsieur

Vous m'obligez le plus heureu
et le plus touchant des sujets. Puis
S. m'a fait tous heureux en m'en
faisant libres. Si vous voulez
attend le fin de parlement,
j'entreprend vous venir a long,
Je feroi heureux d'y faire
droit, sans autre penseé
que cela d'etre utile a nous
mesme autre croulan les
gentilesses.
Quile complainy
Lamartine

P. L XVIII

161.

[signature]

162.

[signature] Castiglione

163.

on age et plusieurs atteintes de caducité
m'obligent à déposer la plume. Recevez donc
à la fois, monsieur, et mes remerciements du
choix dont vous m'aviez honoré, et mes regrets
bien sincères de ne pouvoir y répondre.

votre très dévoué serviteur

Bouillu

164.

Le Mise Mise de Crouchy

165.

Marye the quene

166.

Philippe

167.

Elizabeth

168.

Charles (I)

169.

Vincent P
(1654)

170.

Calvin

171.

Agréez les assurances de la Consideration et
du Respect

T Kosciuszko

172.

Je vous renvoie, mon cher ami, le mémoire de J. J. que j'ai trouvé bien médiocre. Envoyez moi Daguesseau quand vous pourrez. J'ai besoin de me distraire dans l'état de contraction où je suis. Je vous rapporterai un de ces jours vos journaux. Si vous ne pouvez ménager Daguesseau envoyez moi le 1er volume de l'histoire de suisse, ou les deux premiers de celle de genève qui je crois est in-12. Je vous embrasse, et vous prie de faire agréer mon hommage à vos sœurs. — *Mirabeau fils.*

173.   174.

Le M.al de l'Empire Duc de Bellune   *Mirabeau*
(Père)

175.   176.

G. Couthon   J. Lecointre

177.   178.   179.

Lanjuinais   Lanche Sernutes   C R (II)

180.   181.   182.

James R   William   Anne R
(II)   (III)

Pl. XX.

A Monsieur
Monsieur le cardinal
mazarin

Monsieur

J'ay eu nouvelle [...] que l'accommodement
[...] Charles. Il fault que les ennemys [...]
[...] que [...] les approches [...]
[...] pas de continuer toujours ma marche
[...] advienter [...]
[...] noir [...]
[...] jusqu'à Thionville ou [...]
[...] grandeurs mes [...]
[...] nostre dessein suivant [...]
secours des ennemys de la [...] vous [...]
[...] nostre dernière resolution [...]
demande monsieur la continuation de
[...] de vostre amitié puisque [...]
[...] choses [...]
sincèrement et très véritablement

Monsieur
[...]
[...] 2 juillet   [...]   Vostre très humble ser-
1644   viteur   Louis de Bourbon

180

Je vous prie d'aller voir
de ma part Mr et Madame
la Marechalle d'Estrée
pour leur dire la part
que Je prends à leur affli-
ction pour la perte qu'ils
ont fait de leur petite
fille qui estoit si belle
et spirituelle et qui
avoit leur affection à
l'extrémité.

Le Card. Mazarini

181

Berryer

182

[signature]

183

Joseph [signature]

184

Je prends la liberté
de recommander à
Son Exce. Mr. le chan-
cellier la demande
du Sr. Sary, si
toutefois l'obtention
de la place qu'il
desire avoir ne
nuit à personne

Le Cte Jules de Polignac

185

Je vous prie Monsieur de faire [...]
l'interrogation des respondus [...]
au plutost, l'on ne sçait ecouter ny le jour
[...] de ce miserable pecheur [...] Je serois
obligé de vous vouloir faict comme que Je
[...] Je la croye Je la laisse dans l'ordre.

V. M. (dm) Depaul
i p d t m.

P.L. XXII.

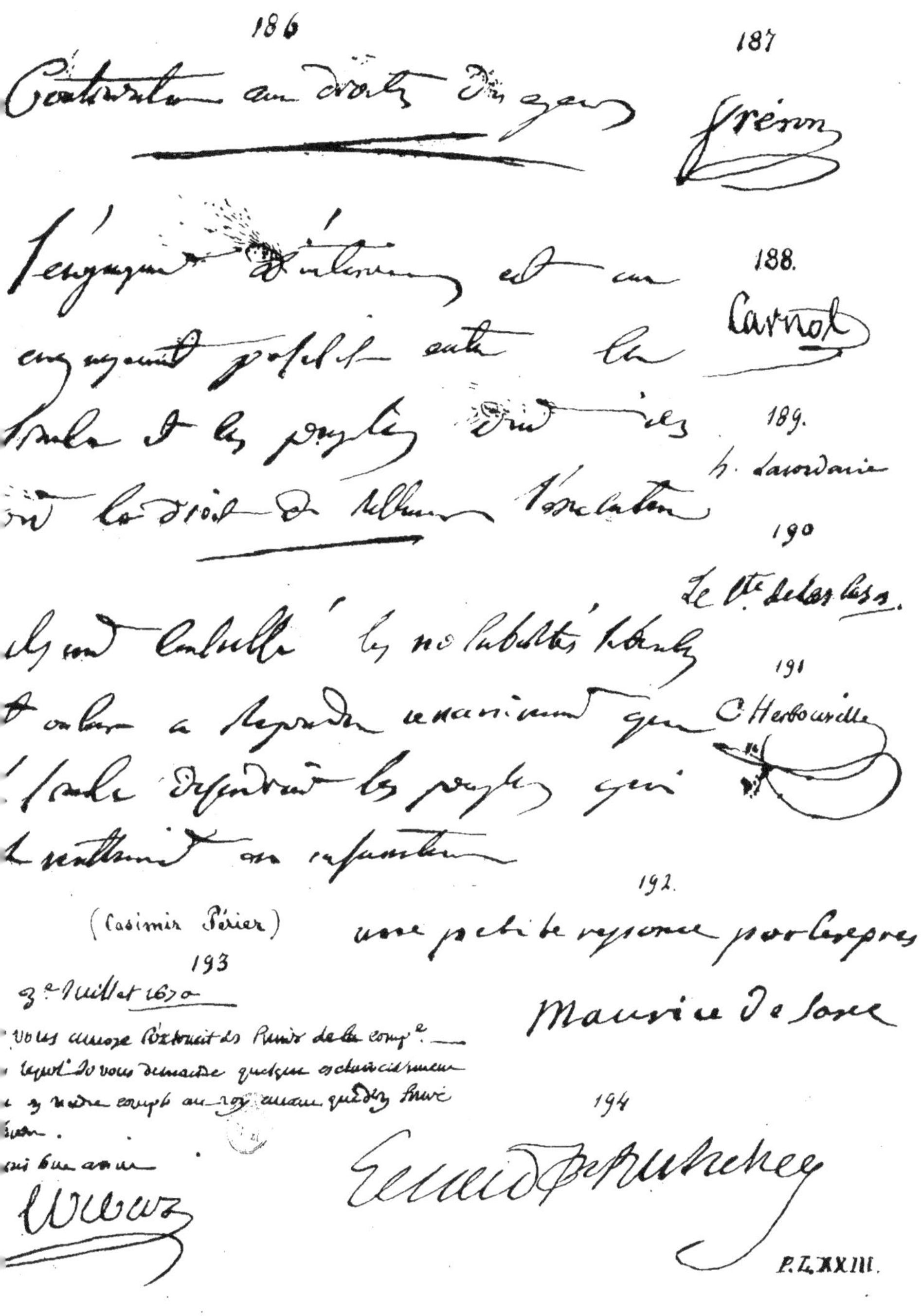

[Handwritten manuscript page - largely illegible cursive French script with numbered annotations 186-194. Legible elements include:]

186

187
[signature]

[handwritten text]

188.
Carnot

189.
h. davoudaie

190.
Le V*te* de Las Cases

191.
C. Herbouville

192.
une petite réponse par le près

(Casimir Périer)
193
3 Juillet 1830

Maurice de Sone

194
[signature]

P.L.XXIII.

195

C'est à nous Monsieur, à vous témoigner
nôtre reconnoissance de toutes vos bontés
quand je pense que vous faites bonheur
pour nous en donner des marques, je
n'ay point assez de cœur pour le ressentir
ni assez de paroles pour vous dire
autant que je le voudrois les impressions
qu'elles font sur moy; en un mot Monsieur
elles ne sauroient estre plus fortes ni plus
vives qu'elles sont, je vous supplie très humblement
de le croire.

Anselme Jean Baptiste Mazieu

196

Soita, mon cher et très obligeant
collègue, la Note dont vous voulez
bien vous charger, pour rappeller
dans sa patrie, j'ai dirai presque à
la vie un de mes vieux amis, agé
de 83 ans. je ne vous la
recommande pas. vous êtes si bon
et leas et si graciable que la
hardité ce seroit vous offenser que
de douter de votre zele ni même
du succes.

Sicard

PL. XXIV.

199

je réserve pour la conversation ce qu'il
me reste à dire sur votre lettre d'ailleurs
mais je vous prie d'avoir la bonté de
faire mettre par la Diligence à mon
adresse ici les romans anglais que
vs ave pour moi — je suis vraiment
honteuse de la peine que je vs
Donne mais j'espère que votre
obligeance m'excusera —
agréez mes remerciments
les plus empressés.

N. Stael de H

200.

[signature]

201

[signature]

202

[signature]

203.

[signature]

204

Je vous prie ma chère fille
de donner cinquante écus
à Mme de Fontenay c'est tout
ce que je puis faire pour elle
qui n'est pas d'age a remettre
dans un convent et n'a nulsois
plus d'age a essay a faire
de nouvelles ...

(Madame de Maintenon)

205

Geact Campan

206

[signature]

207

S. de Barry

P.L: XXV.

208

moi chère amie je ne vs ai point parlé de cet admirable
mémoire! c'est apparemm.t pour en avoir trop parlé où j'
étois car j'en ai été bien sincèrement ravie. il est
impossible de faire mieux valoir un peuple belliqueux
et qui n'a pas atteint le dernier degré de la civilisation.
je n'ai rien lu de plus pittoresque, de plus spirituel
de mieux pensé et de mieux écrit que cette belle
peinture. je fis lire ce mémoire à un homme d'
esprit qui vint passer 3 jours à Vilers, il en fut
stupéfait autant que charmé. je dis stupéfait
parcequ'il ne concevoit pas, le silence des jour=
=naux sur cette production si remarquable, et
celui de la Société. un tel mémoire auroit
fait il y a 35 ans la plus vive sensation, on
n'auroit parlé que de cela pendant 15 jours
mais aujourd'hui la politique et l'esprit de
parti absorbent tout. — j'ai donné mon
exemp. p.r le bien de la chose. je voudrais
bien en avoir un autre — de grace chère
amie envoyés moi tout de suite votre romance
du chevrier qui commence ainsi c'est dans l'
andalousie &c nous n'avons que le 1.er
couplet que je crois inexact envoyés le nous
Casimir l'a mis en musique d'une manière
vraiment sublime et voulons le faire graver
tout de suite adieu mon amie chérie que
j'embrasse et compagna mille et mille fois.

Lettre de M.e de Genlis à
M.e la Comtesse de Bradi

212

La duchesse d'abrantès

209

Paris à 22 Xbre a 5 h du m.

Me quitter sur la, Madame! la mort
seule me l'eut pu interdire (comme bien savez)
hier de mon boiteux, et du ne pas voir
Gabalis, et de Rostain, de m'eriter... le
vu, me dit, Monsieur...

Sophie Gabriel

210

C De Lavalette

211

A ce soir 9.h   Melin voilà une mascara
pour ce Aristote. Surtout quand ce sera moi qui
écrire   mille amitiés
                          Joubin.

PL XXVI

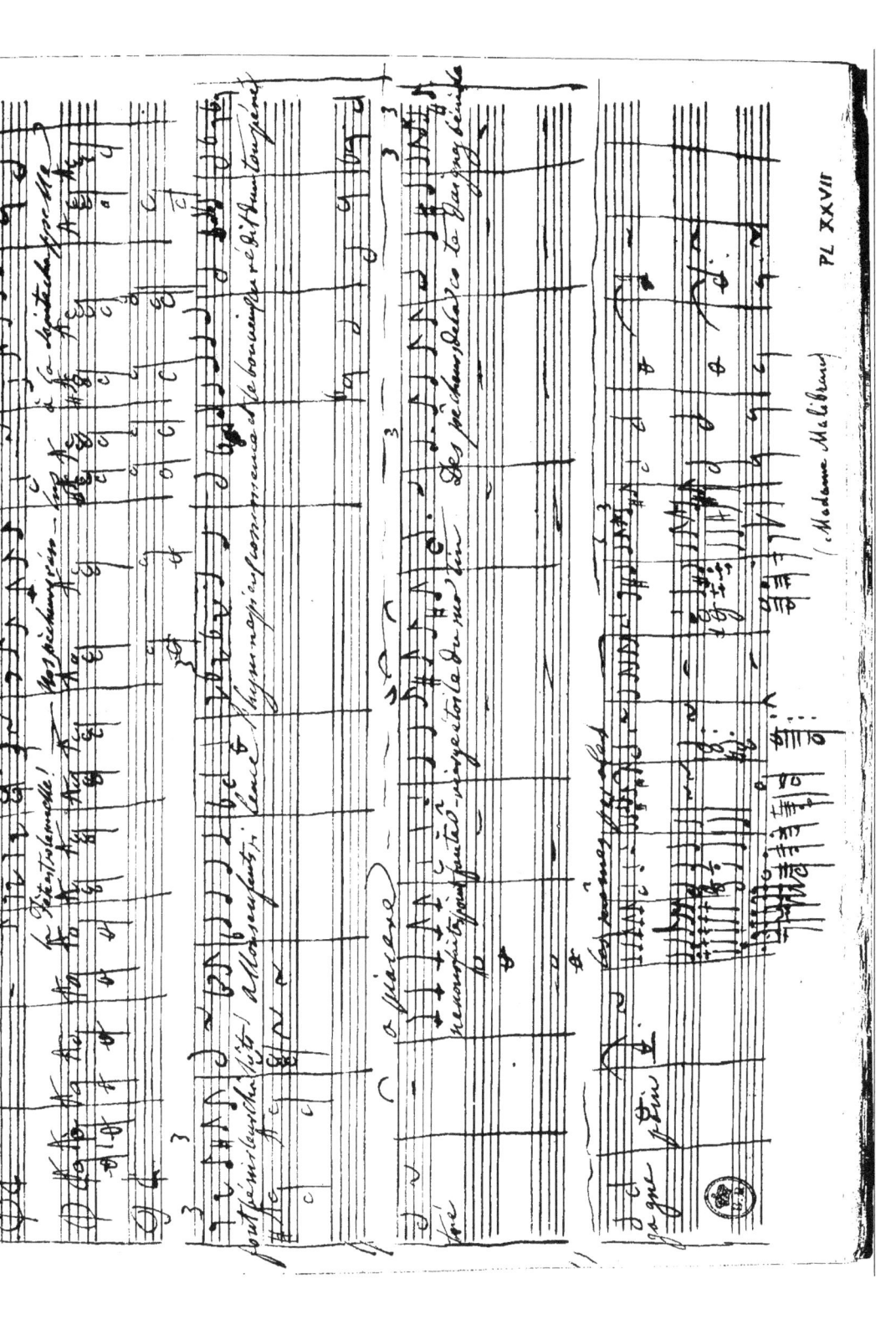

214

Il y a long-temps que je voulois prendre la liberté de vous écrire pour vous demander de vos nouvelles et vous donner des miennes, mais persuadé de l'aimable intérêt que vous daignez prendre à moi, j'attendois toujours, afin de pouvoir vous dire, je suis mieux, beaucoup mieux. Enfin, ennuyé de l'accable lenteur de la santé, j'ai pris le parti de ne plus l'attendre pour me rappeler ainsi que maman au souvenir des personnes qui ont la bonté de s'intéresser à nous. Pardonnez-moi, si je suis importune en me rappelant au vôtre, Madame la Duchesse. Vous savez que nul être sur terre, n'est excempt d'égoïsme. Et je vous avoue qu'en cet instant je me laisse aller un peu à ce défaut, puisqu'en vous écrivant, c'est me procurer le bonheur de causer un moment avec vous.

Elisa Mercoeur

215

Capefigue

216

Soumet

217

Fras Drake

218

G. Sawin

219

Recevez, je vous prie, les assurances des sentimens de reconnoissance que je dois à votre lettre obligeante, & du respect avec lequel, j'ai l'honneur d'être, Monsieur, Votre très humble et très obéissant serviteur

D'Alembert

220

Buckingham

221

Strafforde

222

Hampden

223

Tho Fairfax

P. L. XXVIII

224

225

226

227

228 margrete de lamothe

229

230 Albert Car:
1596

231 F. Vonexberpe

232

PL. XXIX

233.

Charles de demarsfele

235.

Vre plus affectionee soeur
a vous servir et obeir
Anne d'Egmont

234.

Vre affectionne frere a vous servir
Phle. d'Egmont

236

Josephine Willems

237.

vod bijen lemine
aurs
facon m. pallatim

238

A. Sabel

239

Vre bien affectionee soeur
a vous obeïr
Marie de Hornes

240

Vre serviteur treshumble
rené de Chalon

241

Malio Corvinj

242.

Loys De Berlaymont

PL. XXX.

243.

244.

245.

246.

(III)

(III)

247.

248.

Charles de Lorraine

Marie Elisabeth

249.

250.

Guilielmus Stanihopius

De medoncell

251.

C. d'Bonneville

252.

253.

m de Galarretta Ocariz

J. Conde de...

PL. XXXI.

254.

Vre tres affxé et humble servd en Jesus
Tr Balthazar d'Auila Gñal Min[?]
1649

255.

Vre bienhumble serviteur
Fr Charles de Bxx.

256.

de vues in Xtō
Joan Paulo Oliva

257.

Humillimus o devotissimus
servus
Thyrsus Gonzalez

258.

Laurentius Beyerlinck

259.

Le bien humble serviteur
de Jean Richardot

260.

Censelmus

261.

Alex. Rav. a Froigney

262.

Stricius Cohnis

263.

E Ahelling

264.

265.

266.

Apuntius de Thomas

PL XXXII.

267.

L'élève ne doit se laisser entrainer par aucune partie ou Système d'École, il doit voir tout et savoir tout entendre tout, et bien garder d'un jugement avant qu'il soit bien convaincu autant de leurs talents que de leurs abus.

Mais chaque pays, ou Nation, a son gout particulier ou Classique mais le gout d'imitation ne doit jamais guider un Artiste dont les productions doivent plaire à l'univers entière tels que sont les Chefs d'œuvres de Raphael et les belles statues grecs.

Les peintres allemands qui pour la plupart ne cherchent qu'à suivre les Traces de perrugini, de Giotti, d'albert Durer &c &c et qui croyent que le grand fini, et la Manière de ces Maîtres est le plus Sublime, puis qu'ils ont formés les Raphael, les Dominiquins, les Carraches, &c &c ont tort ne pourrait on pas leur demander pourquoi, les Sculpteurs de leur Nation n'imitent pas par la même Raison, les Sculpteurs egyptiens, etrusques ou Gothiques? non j'avoue que trop de prévention ou de prédilection pour l'un ou pour l'autre est toujours un abus, et laissera toujours en arrière celui qui est imbu d'un tel principe.

268.

269.

271.

270.

F. Verheyden

P.I. XXXIII.

272. *Joseph Jacops*	273. *Breynil*
274. *Jacob Jacobs*	275. *W. Geefs*
	276. *Jozef Geefs*
277. *De Keyzer*	278. *Alouis Husin*
279. *Robby*	280. *Jos Van der Ven*	281. *L. Gallait*
282. *Eugène Simonis*	283. *Ant. Van Ysendyck*	284. *Verhappen*
285. *J. Verschaeren*	286. *P. Van Regemorter*	287. *J. Vankegemorter*
288. *Henri Leone*	289. *F. Ducorron*	290. *P. Lauters*

P. L. XXXIV.

Pl. XXXV

305. L. Matthæi
306. Jos. De Menlemeester
307. Mels
308. Lin Corr
309. P. De Mamynck
310. Braem
311. Wiertz
312. H. Vanderhaert
313. J. Correns
314. Louis Somers
315. Jos. Ens
316. Gustave Buschmann
317. A. Petz
318. N. Vermeman
319. Henry Brown
320. Ernest Slingeneyer
321. Florent Mols
322. E. Hamman
323. Louis Carolus

PL. XXXVI.

324. H. Vernet

325. C. Langlais

326. H. Lebron

327. Veuillez être assez bon, Martin
le lunetier, pour me faire un petit
mot de réponse à ce sujet. Vous
obligerez infiniment votre très humble
et très dévoué serviteur
F. Gérard

328. F. L. Jean

329. E. Guis

330. L. Garneray

331. Paulin-Guérin

332. Sauvin Jacquand

333. Hadès

334. G. Lejeune

335. Bonnayeau

336. David

337. y. delacroix

338. Lantorn

PL. XXXVII.

339. Durot de Camus
340. Dubuf
341. Beaume
344. Bellangé
342. Louis Boulanger
343. H. de Triqueti
345. H. Bralcassat
346. Théophile Bra
347. Robert Fleury
348. Francin
349. Camille Roqueplan
350. Carle Elshoëcht
351. A. Chazal
352. Alalame
353. J. Gigoux
354. F. Biard
355. [illegible]

Pl. XXXVIII.

356 357. 358
J. M. Barbour. A. Schaffhout J. C. Schotel

359. 360
A. Waldorff C. Krusemann

361 362
Herbert W. Schadow
membre de l'Institut de France Directeur d. l'Academie roy. d. Dusseldorf.

363 364
Ch. Köhler p. de Dusseldorf Th: Hildebrandt. Professeur de l'academie de Dusseldorf

365 366
C. Ebers peintre de Dusseldorf Ed. Magnus.

367 368 369
Vincenzo Camuccini Ad. Nourrit L. Lablache

370 371 372
Tamburini Morlacchi Duboling

PL: XXXVIIII

373—376

Vos très humbles et très obéissans serviteurs,
Les comédiens français ord.res du Roi, Membres du comité.

Paris, 10 7bre 1822.

373

Fran. Talma

374

375 J. Desmousseaux

376 Cartigny

377 Armand

378 Mme Brunet

379 Bouget

380 Ch. Potier

381 Bouffé

382 Philippe

383 Trial

384 Cazard

385 Cartigny

386 Larive

387 L. Lablache

388 Lafon

P. L. XL.

389. Menard Duval

390. Désaugiers

391. Alphonse Royer

392. Ducray Duminil

393. Raynouard

394. Bon de Roujoux

395. Jules Janin

396. X. B. Saintine

397. Eugène Scribe

398. Léon Gozlan

399. Henri de Latouche

400. Jouy

401. Brifaut

402. Michel Masson

403. Blanqui

404. Eugène Sue

405. Lemercier

PL. XLI

406 Michel Chevalier

407 Désiré Nisard

408 L. Dum...

409 Michaud

410 Feletz

411 V. Courmenin

412 Le V.te d'Hericourt

413 Christout

414 Andrieux

415 [signature]

416 Lormieu

417 Casimir Delavigne

418 [signature]

419 [signature]

420 Ballot de Sauvarin

421 Barthélemy

422 [signature]

Pl. XLII

423

De l'usage de la parole.

Mon enfant, a quel usage devons nous employer notre *la parole*, si ce n'est pour notre bien et celui de nos semblables, nous devons donc nous en servir invariablement à ce but.

La vérité doit être la source d'où découle la parole, la langue en est l'instrument par le moyen duquel les ames s'entretiennent mutuellement elle sera aussi coupable si elle les sert infidellement qu'un interprète imposteur qui trahirait son ministre.

424.

425.

426. Chateaubriand

427. Méliesville

428. Bayard

429. A. Dumas

430. Victor Hugo.

431. Méry

432.

433. Etienne

434.

Pl. XLIII.

435

436

438

437

439

Amedée Pichot

441

440

442

Casimir Bonjour

444

443

Roger de Beauvoir

445

PL. XLIV.

...n des plus forts contrastes
...on puisse éprouver, c'est d'être
...rcé de mépriser l'artiste dont
...n admire le talent.

———

...l est beaucoup d'ouvrages
...ont on aime mieux la
...réface que l'ouvrage même,
...qui prouve, qu'il est
...us aisé de promettre que
...e tenir.

———

...quand nous avons été en égypte,
...s naturels de cette région nous deman-
...oient ceci : y a-t-il du pain dans
...tre pays ? — excellent. — y a-t-il
... l'eau ? — parfaite. y a-t-il
...femmes ? — charmantes. — que
...nez-vous donc chercher ici ?
...ponse S. V. P.

ne nous chagrinons pas trop tôt.
tel vous écrit des sottises qui bientôt
mieux instruit et désabusé, vient vous
demander pardon, avant que
vous ayiez reçu sa lettre.

———

comment le musicien sans
esprit placerait-il la bonne
note sous la bonne syllabe
quand il ne connait
ni l'une ni l'autre ?

———

le génie crée, l'esprit perfec-
tionne, le talent dispose et
le goût apprécie. rarement
un seul homme réunit toutes
ces qualités, souvent il en faut quatre.

Grétry

PL. XLV.

447

Une si bonne cause ne saurait donc être perdue, sur une ignorance des faits. Ce que je vous invite a faire, est d'aller au plus tot la soumettre au Ministre de l'intérieur, homme éclairé, l'ami des arts, et l'un des agens supérieurs du gouvernement, les plus chéris de la Nation, pour son équité reconnue. Allés avec confiance, Célèbre actrice, Et bonne Citoyenne, invoquer la justice de cet homme recommandable, auprès du quel vous n'aurés, pour être bien recommandée, que lui rapeller votre nom. Je vous Salue. Baron Beaumarchais

La Citoyenne Vestris.

449

Bouillon la grange

448

My dear Shene

450

Sends [illegible] ...
Walthmslo Street

de votre Eminence

le très humble et très obéissant serviteur

J. HENRY Ev. de Marseille

451

Desmarest

a Marseille le 19 sept.re 1732

P.L. XLVI

Monsieur, J'ay veu ce que me mandes
e ne manqueray a rien, Vous prouveyleuy
de ce que sera necessaire. Je vous baise
les mains estant de tout nostre coeur

Monsieur

453

454

455

456

P.L. XLVII.

457

Ontfangen Van L[r]: J. B: des Bosseaux Als Prefect des
Broederschaps Van de 14 daeghsche berechtingel der Collegiale
En Parochiale kercke Van St. Jacobs de Somme Van Vijftigh
gulans Courant, ende dat Voor getackent te hebben met de Somme
de afbeelding Vanden hoogen Autaer Soo Als den Selven ten
tyde vant 50 jarigh Jubile Is gesien Actum 14 April 1757

50"   Tis my voldaen   A. Overlaet

458

459
G. B. Van Elpen

460
Ludovicus Fruijtiers
1754

461
Petrus Balthazar Bouttats

462
G. L. Beschey

463
Michiel vanderhoort

PL: XLVIII.

464	465	466
L. Schuystet	Ledeganck	Willems

467	468	469
J.J. Altmeyer	van Basselt	Rysewyck

470	471
De Reiffenberg	Baron de ...

472	473
E. C. De Gerlache	Vte De Kerkhove

474	475	476
A. G. B. Schayes	A. Boignes	...

477
J. J. De Smet

478
A. Voisin

Pl. XLIX

479. Delepierre

480. Félix Bogaerts

481. Consciences

482. Ernest Buschman

483. Aub. D. Mirans

484. Jean B.te De Cuyper

485. E. Puteanus

486. M. Emmanuel

487. Daniel Connolle

488. Eugène de Pradel

489. H. G. Moke

P. L. L.

490. *[signature]*

491. Mr. Gubrenssars *[signature]*

492. Leopold *[signature]*

493. S Kvryuuly *[signature]*

494. N Ottrono *[signature]*

495. Sylvain VandeWeyer *[signature]*

496. *[signature]*

497. Servidor de vs *[signature]*

498. Eranthmansdorp *[signature]*

499. Bon Chasse *[signature]*

500. *[signature]* (Duc d'Alençon)

P.L. LI.

www.ingramcontent.com/pod-product-compliance
Lightning Source LLC
Chambersburg PA
CBHW070527100426
42743CB00010B/1981